BOEKANALYSE

The Kindly Ones

Jonathan Littell

BOEKANALYSE

Geschreven door Tram-Bach Graulich
Vertaald door Nikki Claes

The Kindly Ones

JONATHAN LITTELL

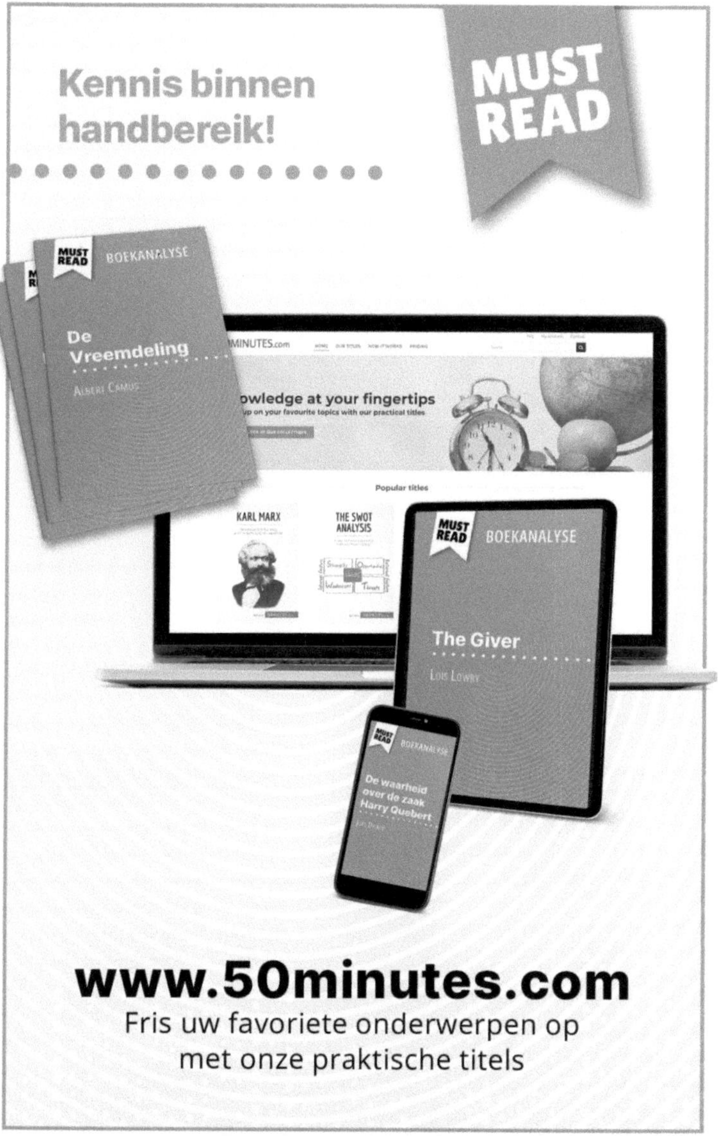
Kennis binnen handbereik!
MUST READ
MUST READ
BOEKANALYSE
De Vreemdeling
Albert Camus
Popular titles
KARL MARX
THE SWOT ANALYSIS
MUST READ
BOEKANALYSE
The Giver
Lois Lowry
MUST READ
BOEKANALYSE
De waarheid over de zaak Harry Quebert
www.50minutes.com
Fris uw favoriete onderwerpen op
met onze praktische titels

JONATHAN LITTELL

FRANS-AMERIKAANSE SCHRIJVER

- **Geboren in New York in 1967**
- **Opmerkelijke werken:**
  - *The Kindly Ones* (2006), roman
  - *Le Sec et l'Humide* (2008), roman
  - *Récit sur rien* (2009), roman

Jonathan Littell werd in 1967 in New York geboren in een Joodse familie van Poolse afkomst. Na lange tijd in Frankrijk te hebben gewoond, waar hij in 1985 zijn *baccalauréat haalde, ging* hij naar Yale University en studeerde af in kunst en literatuur. Daarna reisde hij veel, met name naar de Balkan, Afghanistan en Afrika. De gruwelijkheden van de Holocaust en de Tweede Wereldoorlog achtervolgden hem sinds zijn jeugd en in 2001 begon hij aan zijn eerste roman, *The Kindly Ones*. De roman werd gepubliceerd in 2006 en werd, ondanks zijn grote controverse, bekroond met de *Prix Goncourt* en de *Grand Prix du Roman van de Académie Française* (twee van de meest prestigieuze literaire prijzen in Frankrijk).

THE KINDLY ONES

EEN BOEK GEHULD IN EEN SCHANDAAL

- **Genre:** roman

- **Referentie-uitgave:** Littell, J. (2010) *The Kindly Ones*. Trans. Mandell, C. Londen: Vintage.

- **Eerste uitgave:** 2006

- **Thema's:** Tweede Wereldoorlog, nazisme, Holocaust, seksualiteit, fantasie, dood

Het evenement van het Franse literaire seizoen 2006, *The Kindly Ones, was* het onderwerp van een enigszins agressieve promotiecampagne en een vleugje schandaal, die beide aanzienlijk hebben bijgedragen aan het succes. De roman verhaalt over de fictieve memoires van een voormalige SS-officier tijdens de Tweede Wereldoorlog en is uniek omdat het de gruwelijkheden van de oorlog vanuit het gezichtspunt van de kwelgeesten presenteert. *The Kindly Ones* is een roman met overvloedige culturele verwijzingen en er zijn veel analyses van het werk gemaakt. Hoewel veel kritiek is geuit, met name vanwege de vermeende ruwe en barbaarse stijl of het documentaire aspect, heeft het ook lof gekregen.

SAMENVATTING

Het verhaal begint in 1941. SS-luitenant (*Obersturmführer*) Max Aue is in Oekraïne met een leger dat tot taak heeft alles wat mogelijk gevaarlijk is achter de frontlinies uit te schakelen. In werkelijkheid zijn de belangrijkste doelwitten van het leger Joodse gemeenschappen, die routinematig in de bossen worden doodgeschoten. Op 10 oktober, zijn verjaardag, wordt Aue bevorderd. Aan het eind van het jaar wordt hij naar een sanatorium op de Krim gestuurd om uit te rusten.

Vervolgens wordt hij op een missie gestuurd als informant in de Kaukasus, maar na een ideologisch meningsverschil – en vermoedens over zijn seksualiteit – wordt hij naar Stalingrad (Moskou) gestuurd om te vechten.

STALINGRAD – BERLIJN (DECEMBER 1942 – BEGIN 1943)

Aue arriveert in Stalingrad op kerstavond 1942. Hij ontmoet Thomas, een oude vriend, in de meest onvoorstelbare chaos: met regelmatige tussenpozen wordt Stalingrad door bommen getroffen, de grond is zo bevroren dat het onmogelijk is de doden te begraven, en de soldaten zijn besmet met luizen. Bovendien zenden de Sovjets via luidsprekers propagandaboodschappen en muziek uit om de Duitse soldaten te deprimeren. Aue heeft vaak last van diarree en begint overal te "schijten", en tussen twee vlagen diarree door fantaseert hij over zijn zus Una. Op een dag ontploft er een bom, die Thomas laat vliegen. Terwijl hij in de lucht naar zijn ingewanden grijpt, overleeft hij op wonderbaarlijke wijze door zijn ingewanden weer in elkaar te zetten. Wanneer Aue, overmand door hallucinaties, zijn zus verloofd ziet met een dwerg in een trouwstoet, gaat het verhaal over in fantasie. Tijdens een Russische aanval gaat er een kogel door zijn hoofd.

Aue wordt begin 1943 wakker in een ziekenhuis in Berlijn. Nadat hij door een kogel is geraakt, wordt hij bevorderd en onderscheiden met het IJzeren Kruis. In maart nodigt Dr. Mandelbrod, een invloedrijke figuur die Aue's vader en groot-vader kende, hem uit. Dan ziet hij zijn zus Una weer, die inmiddels getrouwd is. Tijdens hun jeugd speelden ze seksu-ele spelletjes, waardoor hij nog steeds over haar fantaseert, maar zij vertelt hem dat "het verleden voorbij is" (p. 484): nu houdt ze van haar man.

Aue is zeer verbitterd over hun moeder, die hun vader heeft verlaten. Toch besluit hij naar Frankrijk te gaan om haar te bezoeken, evenals Moreau, zijn stiefvader. In hun huis woont een tweeling die hem zorgen baart, en terecht: als hij op een ochtend opstaat, vindt hij de lichamen van Moreau, die met een bijl is vermoord, en van zijn moeder, die is gewurgd. De tweeling is verdwenen en zijn eigen kleren zitten onder het bloed.

AUSCHWITZ-BIRKENAU
(1943 – BEGIN 1945)

Aue wordt dankzij zijn banden met Mandelbrod benoemd in de inner circle van *Reichsführer* Himmler, de commandant van de SS, en werkt aan de *Endlösung* (de "Endlösung").

Als hij de kampen Majdanek en Auschwitz-Birkenau bezoekt, ontdekt hij de realiteit van *Lager* (concentratiekampen): de Joden worden opgestapeld in smerige hutten en onderworpen aan verschrikkelijke hygiënische omstandigheden. Als ze arbeidsongeschikten wilden vergassen, lieten ze hen geloven dat ze gingen douchen. Bovendien is er overal corruptie. Wanneer hij terugkeert naar Berlijn, krijgt Aue de leiding over een bureau speciaal voor voedsel in de kampen, dat tot taak heeft de productiviteit in de kampen te verhogen door de voedselkosten van de *Häftlinge* (gevangenen) iets te verhogen.

Terwijl de Russen oprukken, moeten de Duitsers in december 1944 de concentratiekampen evacueren: Aue helpt bij de evacuatie van Auschwitz, die onder erbarmelijke omstandigheden plaatsvindt.

Intussen is hij door een gerechtelijke uitspraak onschuldig bevonden aan de moorden op zijn moeder en stiefvader, maar twee politieagenten, Clemens en Weser, blijven hem achtervolgen: ze vinden hem uiteindelijk. Als de oorlog voor Duitsland verloren lijkt, neemt Aue begin 1945 afscheid en trekt zich terug in het landhuis van de man van zijn zus Una, in Pommeren.

HET LANDHUIS (1945)

Het landhuis is leeg als hij aankomt. Hij installeert zich daar en begint zich denkbeeldige gesprekken met zijn zus en haar man voor te stellen. Geleidelijk aan, terwijl hij steeds meer bedwelmd raakt, raakt hij in een soort trance en ziet hij zijn zus in een droom, haar binnenste dij bevuild met

uitwerpselen. Hij beeldt zich in dat hij met haar vrijt, masturbeert op het echtelijk bed en geniet ervan zich alleen in het
landhuis met zijn zus voor te stellen en loopt naakt rond. Ten
slotte scheert hij in een transseksueel delirium zijn hele
lichaam en, aldus Una geworden, masturbeert hij opnieuw:
"Onze lichamen zijn identiek, wilde ik haar uitleggen"
(p. 896). In de tuin ziet de geest van een hangend meisje dat
hij even in Oekraïne had gezien. Hij probeert zichzelf in het
dennenbos te wurgen met een riem, krijgt een laatste
orgasme en begint te huilen.

Ondertussen is zijn verlof voorbij en vallen de Russen
Duitsland binnen. Op een ochtend komt Thomas naar het
landhuis om hem te zoeken. Op weg naar Berlijn ontsnappen
ze verschillende keren ternauwernood aan de dood. De
hoofdstad is in complete chaos. In april 1945 geeft de Führer
Aue persoonlijk zijn onderscheiding, maar zonder aanwijs-
bare reden knijpt Aue zijn neus dicht alsof hij een misdragend
kind is. Hij wordt gearresteerd nadat hij is geslagen, maar hij
weet te ontsnappen na een bomexplosie. Als hij in een
metro-ingang duikt, komt hij Clemens en Weser tegen, die
nog steeds geloven dat hij schuldig is aan de moord op zijn
moeder en stiefvader. Aue weet echter te ontsnappen door
een schietpartij die in de metro begint. Nadat hij Mandelbrod
nog een laatste keer heeft gezien, gaat hij de dierentuin van
Berlijn binnen, die vol ligt met dode dieren die over de grond
zijn verspreid. Clemens, die hem gevolgd is, verschijnt plot-
seling, klaar om hem te executeren, maar Thomas arriveert
en doodt hem. Terwijl hij zich over het lichaam van de politie-
man buigt om hem te beroven, breekt Aue zijn schedel met
een ijzeren staaf. Dan kijkt hij in de leegte van zijn leven: "Ik
voelde ineens het gewicht van het verleden, de pijn van het

leven en van de onveranderlijke herinnering […]. De vriende-lijke mensen hadden me door" (p. 975).

Vele jaren later besluit Aue zijn herinneringen op te schrijven, vooral "om de tijd te doden" en "om te zien of [hij] nog iets kan voelen" (p. 12). Hij rekent de gruwelijke som uit van het aantal slachtoffers van de oorlog in de USSR en van de Holocaust, wat een totaal oplevert van 26,6 miljoen doden. "Zij doden zijn mensen, net als zij die gedood worden," stelt hij, "dat is het verschrikkelijke. […] Ik ben een mens als andere mensen, ik ben een mens als jij" (p. 24).

KARAKTERSTUDIE

DE VERTELLER (MAX AUE)

Zijn status is moeilijk te definiëren. Hij is de hoofdpersoon in het verhaal, maar is toch gehuld in mysterie:

- De andere personages zien hem als een koude, arrogante man. Hij wordt hoog gewaardeerd vanwege zijn nauwgezetheid in zijn werk en zijn intellectuele eerlijkheid. Gedreven door een diep geloof in het nationaalsocialisme is zijn algemene kennis al even indrukwekkend. Hij spreekt bijvoorbeeld vloeiend Oudgrieks.

- Zijn rol in de plot is vooral een observerende. Meestal bekijkt en becommentarieert hij alles wat zich rondom hem afspeelt zonder er zelf aan deel te nemen, of slechts een beetje. In "Allemandes I en II" wordt hij verbindingsofficier ("Ik observeer en doe niets, dat is mijn favoriete positie", p. 252) en schrijft hij verslagen. In "Menuet (en Rondeaux)" is zijn rol bij de vernietiging van de Joden louter administratief.

- Hoewel hij niet volledig deelneemt aan de actie, is hij toch de hoofdpersoon. Alles wat er gebeurt, wordt ons vanuit zijn perspectief gepresenteerd. Zijn personage is dus slechts een gezichtspunt, maar een centraal gezichtspunt dat alle actie conditioneert. Zijn naam, Max Aue, is minimalistisch (drie lettergrepen) en ook zeer zelden gegeven in de roman, wat zijn narratieve status duidelijk illustreert.

ZIJN ZUS (UNA)

Wat de historische gebeurtenissen betreft, is Aue beperkt tot een perspectief, een gezichtspunt. Hij is echter de hoofdpersoon in een persoonlijk verhaal (een familieroman) dat overlapt met de historische roman. Hij is verliefd op zijn zus, Una, "the One".

Objectief gezien weten we niet veel over Una, behalve vanuit het perspectief van de verteller. Tijdens hun jeugd speelden ze seksuele spelletjes die, eenmaal ontdekt, ertoe leidden dat ze werden gescheiden en naar verschillende kostscholen werden gestuurd. Ten tijde van *The Kindly Ones* is de verteller nog steeds verliefd op haar, terwijl Una een streep heeft gezet onder haar verleden en is getrouwd.

Voor de verteller is deze incestueuze relatie verbonden met een vaag verlangen naar hermafroditisme, naar het niet onderscheiden van de geslachten, iets waar de kindertijd het dichtst bij komt. Hij wil zijn zus zijn. Zijn homoseksuele relaties aan dit verlangen om één te worden met haar, om te voelen wat zij voelt.

De nazi-ideologie was gebaseerd op de beginselen van ras en het geloof in 'bloedzuiverheid'. Het enige legitieme partnerschap kon dus zijn tussen Duitsers van Arisch ras, om de zuiverheid van het ras te bewaren. Het ongezonde partnerschap tussen Aue en Una illustreert de perversie van deze ideologie.

ZIJN MOEDER EN STIEFVADER

Terwijl Max Aue verliefd is op zijn zus, koestert hij een diepe haat tegen zijn moeder omdat zij, in zijn ogen, zijn vader in de steek liet en vervolgens trouwde met een andere man, een Fransman genaamd Aristide Moreau.

In "Sarabande" wordt Aue wakker met de ontdekking dat zijn moeder en stiefvader zijn vermoord. In "Gigue" lijkt definitief erkend te worden dat hij de dader is van deze moorden.

De "Edelachtbaren" zijn in werkelijkheid godinnen uit de Griekse mythologie, de Furies, die tot taak hebben de orde in de stad te beschermen en jacht te maken op de daders van misdaden tegen hun familie.

In dit opzicht staat het karakter van de verteller dichter bij dat van Orestes. Na de Trojaanse oorlog keert Orestes terug naar Athene, waar zijn moeder, Klytemnestra, haar man Agamemnon heeft vermoord met de hulp van haar nieuwe minnaar, Aegisthus. Om de dood van zijn vader te wreken, doodt Orestes het schuldige paar en wordt vervolgens gevolgd door de beroemde Furiën, maar door tussenkomst van de godin Athena gered. De Furiën zien af van hun woede en worden de "Barmhartigen" genoemd. We vinden dus een transpositie van de mythe van Orestes in deze roman.

ZIJN ALTER EGO'S

Verschillende personages maken deel uit van de "inner circle" van de verteller. Het zijn bijna karikaturen en bijgevolg weinig geloofwaardig (dit was ook een van de punten van kritiek op de roman). Het gebruik van de karikatuur is echter gepland:

- Thomas Hauser lijkt een van de vrienden van de verteller te zijn, ja zelfs zijn beste vriend. Terwijl Aue koud en afstandelijk is, belichaamt Thomas de levensvreugde: hij kent alle goede clubs in Berlijn en heeft een manisch sociaal leven. Hij redt meerdere malen het leven van de verteller.

- Dr. Mandelbrod is, samen met zijn medewerker Herr Leland, een soort peetvader voor Aue. Hij heeft zijn vader en grootvader gekend en helpt hem in zijn carrière, met name door hem te introduceren bij invloedrijke figuren. Dr. Mandelbrod is zwaarlijvig en moet zich verplaatsen in een rolstoel. Hij wordt voortdurend omringd door katten, hoewel hij er allergisch voor is.

- Clemens en Weser zijn twee politiemannen die de misdaad van de verteller onderzoeken. Hoewel Aue wordt vrijgesproken van elke verdenking, blijven Clemens en Weser op hem jagen en geloven dat hij schuldig is. Het zijn twee onafscheidelijke karikaturen.

Deze personages, die allemaal nauwelijks geloofwaardig zijn, zelfs absurd of praktisch fantastisch, zijn als aspecten van de persoonlijkheid van de verteller. Zoals we gezien hebben, is hij een personage zonder inhoud, een perspectief. Thomas daarentegen is zijn lichtende kant, die van de levengevende kracht en het verlangen om te leven; Clemens en Weser belichamen zijn duistere kant, die van schuld en schaamte; en Dr. Mandelbrod en zijn medewerker, Herr Leland, tenslotte, vertegenwoordigen zijn zucht naar professioneel succes.

ANALYSE

NATIONAAL SOCIALISME: EEN POLITIEKE RELIGIE

Het nationaal-socialisme (nazisme) kan worden gedefinieerd als een echte politieke religie, gebaseerd op het idee van ras.

Hun beleid was in hoge mate verbonden met de biologie ("Een beleid moet biologisch zijn of niet bestaan", p. 91). Zo spreekt Eichmann in een toespraak, gehouden in Boedapest en herhaald in "Menuet (en rondeaux)", over de "bacteriële cel" van de Joodse regeneratie en beweert hij dat de strijd van Duitsland de door Koch en Pasteur begonnen strijd verlengt. De theorieën van Darwin worden ook toegepast op de mens: net als bij diersoorten overleven alleen de sterkste rassen (met name het Arische ras), terwijl de zwaksten omkomen (met name het Joodse ras). Zo was het nationaal-socialisme tegelijkertijd een politieke ideologie, een religie en een filosofie, ondersteund door pseudo-wetenschappelijke argumenten.

NATIONAAL SOCIALISME, BOLSJEWISME EN JODENDOM

The Kindly Ones staat vol met beschouwingen over politieke filosofie, vaak in de vorm van dialogen.

• In "Courante" onthult een bolsjewistische gevangene aan de verteller het tamelijk originele idee dat het nationaal-socialisme en het bolsjewistische communisme in hun basisprincipes identiek zijn:

- Terwijl het communisme zich een maatschappij zonder klassen voorstelt (d.w.z. een egalitaire maatschappij waarin geen onderscheid bestaat tussen de hogere sociale klassen, noch tussen de rijken en de armen), predikt het nationaal-socialisme een Arische maatschappij, gezuiverd van inferieure rassen.

- Op een fundamenteel niveau zijn de twee ideologieën gebaseerd op hetzelfde principe: het determinisme (de mens kiest zijn lot niet zelf, maar het wordt bepaald door de geschiedenis en de natuur). Bijgevolg zijn er "categorieën van mensen [die] legitiem kunnen en moeten worden geëlimineerd, niet om wat ze hebben gedaan of zelfs gedacht, maar om wat ze zijn" (p. 395). Dit is het inferieure ras in het nazisme, en de middenklasse in het bolsjewisme.

- Uiteindelijk is het principe van deze twee ideologieën hetzelfde, alleen de inhoud is verschillend: klasse enerzijds, ras anderzijds. Klassendeterminisme versus rassendeterminisme.

• Nog origineler is de in de roman ontwikkelde gedachte dat het jodendom op een fundamenteel niveau heel dicht bij het nationaal-socialisme (en dus bij het communisme) staat. Voor de Duitsers en Russen telt volgens hun opvattingen over ras of klasse het geïsoleerde individu niet; alleen de natie, het *Volk*, heeft zin. Evenzo hadden "ook de Joden dankzij hun gebruiken dit sterke gevoel van gemeenschap, van Valle"; dit "was de reden dat zij onze bevoorrechte vijanden waren, zij leken te veel op ons" (p. 102).

Deze beschouwingen willen de grote menselijke broeder-schap illustreren die onder de mensen heerst, ondanks hun etiketten en dus de absurditeit van het ras. Een man blijft een man, ondanks zijn ideologieën.

DE BUREAUCRATISERING VAN HET KWAAD

De uitroeiing van de Joden door nazi-Duitsland heeft de hele wereld terecht geschokt. Het was echt een genocide (opzet-telijke en systematische uitroeiing van een menselijke gemeenschap). Maar, zoals de verteller aangeeft, was de gen-ocide op de Joden niet de enige in de geschiedenis. Hij noemt ook de genocide op de inheemse Amerikanen tijdens de ver-overing van Amerika (19th eeuw), maar we zouden nog andere kunnen noemen, zoals de Armeense genocide in Turkije (1915-1916).

Wat echter opvalt aan de Joodse genocide tijdens de Tweede Wereldoorlog, afgezien van het slachtoffers (tussen 5 en 6 miljoen), is ongetwijfeld de methode en de strengheid waar-mee de Duitsers hun doel te bereiken. Concentratiekampen werkten als echte bedrijven, onderworpen aan een strenge administratie. In "Menuet (en rondeaux)" wordt de "Endlösung" uitsluitend in zakelijke termen opgevat. Het gaat om "productie", "kosten", "contracten" of "winst". Zo stelt de verteller dat een kleine verhoging van de onder-houdskosten tot een aanzienlijke productiviteitswinst kan leiden. Later is er een debat over het exacte aantal calorieën dat aan de gevangenen moet worden verstrekt.

Kortom, de uitroeiing van de Joden, zoals we duidelijk zien in de roman, werd kil en bureaucratisch aangepakt, in termen van cijfers en bedragen. In plaats van te zeggen dat het nationaal-socialisme het kwaad banaal maakte, zouden we kunnen zeggen dat het kwaad volledig werd gebureaucratiseerd. De diepe wreedheid van deze genocide schuilt in dit feit. De nazi's waren niet allemaal misdadigers of kwade genieën; het waren meestal gewoon bureaucraten die hun werk deden, zoals Eichmann, die na de oorlog werd gedemoniseerd.

DE ALOMTEGENWOORDIGE TOON VAN "SCATOLOGIE

Scatologie (verwijzingen uitwerpselen) staat centraal in *The Kindly Ones* en wordt vaak gecombineerd met seks. Uitwerpselen komen vaak voor in de dromen of fantasieën van de verteller. In een van zijn dromen ziet de verteller een vriend, Voss, "op handen en voeten, zijn achterste bloot", met "vloeibare stront" die uit zijn anus stroomt; ondanks zijn pogingen om de vloeistof te drogen, stroomt deze vrijelijk en slaagt erin zijn handen te bevuilen (p. 305). In een andere droom ziet hij zijn zus in een witte jurk, waar zwarte uitwerpselen doorheen sijpelen. Scatologie lijkt dus twee functies te hebben in de roman:

- Aan de ene kant vertegenwoordigt het de "shit" waarin nazi-Duitsland terecht is gekomen. Het nationaal-socialisme is een politieke religie waarin een hele bevolking zat en die door zijn aard van mystiek en totaliteit het onmogelijk maakte om terug te keren. In zekere zin waren niemands handen schoon. Het beeld van de "stront" illustreert krachtig de verstrengeling van de Duitsers in Rusland en de stank van de nederlaag.

- Anderzijds, en vanuit een meer intiem perspectief, zijn uitwerpselen als een vlek. Het vertegenwoordigt op tragische wijze het verlies van het oorspronkelijke hermafroditisme (het niet onderscheiden van de geslachten), dat de kindertijd het dichtst benadert, en de beklemming van volwassen lichamen, verdeeld tussen mannen en vrouwen.

DE MUZIEK VAN WREEDHEID

Muziek is ook alomtegenwoordig in *The Kindly Ones*. Het is vluchtig, maar is te vinden in alle delen van de roman en op alle niveaus. De overweldigende aanwezigheid ervan onthult dus de absurde aard van oorlog en, dieper, de absurde aard van de menselijke conditie. De zuiverste momenten van muziek begeleiden de bloedigste moordscènes, waar het gevoel van absurditeit vandaan komt. Kunst lijkt niet in staat de werkelijkheid te versterken.

In "Toccata" betreurt de verteller het ten zeerste dat hij geen piano kan spelen. In "Allemandes I en II" adopteert zijn militaire eenheid een joodse wees genaamd Jakov, die een pianowonder blijkt te zijn ("zulke vingers zijn een excuus voor alles, zelfs voor het joods zijn", p. 92), maar die uiteindelijk zal worden geëxecuteerd na een ongeluk waarbij zijn hand wordt verbrijzeld. In "Courante", tussen de ruïnes van Stalingrad, luistert een Duitse soldaat naar de banden die toebehoorden aan een zojuist vermoorde bolsjewiek ("Hij moet een muziekliefhebber zijn geweest, onze vriend", p. 408). In "Menuet (en rondeaux)" gaat de verteller naar een bijeenkomst bij Eichmann thuis, waar deze een Brahms-kwartet speelt met andere SS-soldaten. In "Gigue" schiet de verteller een kogel in het hoofd van een oude man die *De kunst van de fuga* speelt op een orgel in een vervallen kerk.

Bovendien zijn de verschillende hoofdstuktitels namen van traditionele dansen van de *Partita*, een genre dat bij Bach algemeen in de smaak viel. *Allemande* is een langzame dans in drievoud, *gigue* is een snelle, wilde dans, vaak in fuga-structuur, *sarabande* is een plechtige, serieuze dans, enz. De kloof tussen de hoofdstuktitels en hun inhoud draagt bij tot de tragische en wrede ironie van het werk.

VERDERE REFLECTIE

ENKELE VRAGEN OM OVER NA TE DENKEN...

- Hoe origineel is het gezichtspunt in *The Kindly Ones* in vergelijking met andere geschriften over de Tweede Wereldoorlog en de Holocaust in het bijzonder? Vergelijk *The Kindly Ones* met Robert Merle's *Death is My Trade*.

- Waarom heeft de roman volgens u zo'n heftige reactie opgeroepen toen hij werd gepubliceerd?

- Hoe onthult het onderwerp homoseksualiteit de nazi-ideologie en haar perverse aard?

- Wat is er kenmerkend aan de verteller Aue, de hoofdpersoon in *The Kindly Ones*? Aan welke andere beroemde vertellers uit de literatuur doet Aue je denken? Waarom wordt hij gemakkelijk vergeleken met Marcel, de verteller in Prousts *Op zoek naar de verloren tijd*?

- Geef aan welke passages en personages voorbeelden zijn van fantasie of het absurde. Welke rol spelen Thomas, Dr. Mandelbrod, Clemens en Weser ten opzichte van de verteller? Identificeer het verband met Kafka (thema's van schuld, erotiek, vlekken, enz.).

- Geef van de vele filosofische beschouwingen aan welke parallellen (of overeenkomsten) er zijn tussen het nationaal-socialisme en het bolsjewisme. Wat suggereren deze parallellen voor u in termen van menselijke ethiek en filosofie?

- Heeft de hardheid van de roman, in het bijzonder de alomtegenwoordigheid van uitwerpselen, een andere functie in de roman dan alleen maar te choqueren?

- Identificeer de verwijzingen naar de Griekse mythologie (met name in de titel en via het personage van Aue). Waarom heeft Littell volgens jou deze verwijzingen naar de Oudheid geïntroduceerd?

- In hoeverre kunnen we zeggen dat de nazi's het kwaad hebben "gebureaucratiseerd"?

- Wat suggereert het thema muziek in de roman, in termen van dramatisch effect en filosofische reflectie? Vormt het een contrast met de hardheid van de oorlog? Aan welke andere roman over de Tweede Wereldoorlog doet het u denken?

VERDER LEZEN

REFERENTIE-UITGAVE

Littell, J. (2010) *The Kindly Ones*. Trans. Mandell, C. Londen: Vintage

REFERENTIESTUDIES

Clément, M. L. (red.) (2010) Les Bienveillantes *de Jonathan Littell*. Cambridge: Open Book Publishers.

*We horen graag van jou! Laat
een reactie achter op jouw online bibliotheek
en deel je favoriete boeken op social media!*

www.50minutes.com

Master ISBN: 9782808688383
Papier ISBN: 9782808699785
Wettelijk depot: D/2023/12603/1258

Omslag: © Primento

Digitaal ontwerp: Primento, de digitale partner van uitgevers.